Die Mitte des Lebens

Krise ◆ Wandlung ◆ Neue Perspektiven

In der Reihe Gesundheitspflege ***initiativ***
sind bisher folgende Bände erschienen:

Band 1: Michaela Glöckler
Lebenskrisen als Zukunftschancen
ISBN 3-932161-00-9

Band 2: Volker Fintelmann
Von der Kunst alt zu werden
ISBN 3-932161-01-7

Band 3: Mathias Wais
Über den roten Faden
im Lebenslauf des Menschen
ISBN 3-932161-02-5

Band 4: Michaela Glöckler
Die Biographie des Menschen
und ihre geistigen Gesetze
ISBN 3-932161-03-3

Band 5: Henning Köhler
Der Mensch im Spannungsfeld zwischen
Selbstgestaltung und Anpassung
ISBN 3-932161-04-1

Band 6: Hans-Werner Schroeder
Die Bedeutung derAngst
und des Bösen im Lebenslauf
ISBN 3-932161-05-X

Band 7: Michaela Glöckler
Vom Wirken der Engel
im menschlichen Leben
ISBN 3-932161-06-8

Band 9: Mathias Wais
Sinn und Unsinn der Ehe heute
ISBN 3-932161-08-X

Band 10: Peter Petersen
Unsere Wahrnehmung des Todes
ISBN 3-932161-09-2

Gerhard Wehr

Die Mitte des Lebens

Krise ◆ Wandlung ◆ Neue Perspektiven

GESUNDHEITSPFLEGE initiativ

Die Deutsche Bibliothek – CIP-Einheitsaufnahme
Gerhard Wehr:
Die Mitte des Lebens
Esslingen: GESUNDHEITSPFLEGE initiativ, 1997
ISBN 3-932 161-07-6

Schriftenreihe GESUNDHEITSPFLEGE initiativ Band 8

ISBN 3-932 161-07-6

Gestaltung: Ingrid Liche, Göggingen

Herstellung: Gaiser Offsetdruck & Informations-GmbH, Schwäbisch Gmünd

Inhalt

Annäherung an das Thema

Die uralte und stets aktuelle Frage nach dem Wesen des Menschen: Wer bin ich eigentlich? – wird seit alters mit der Frage verknüpft: Woher komme ich, wohin gehe ich? Damit kommt der Faktor „Zeit" ins Spiel. Das ist in einer sehr wesentlichen Hinsicht von Bedeutung. Sie muß schon deshalb herausgestellt werden, weil sich ein einseitiger, lediglich auf die meßbare Dauer bezogener Zeitbegriff eingebürgert hat. Dabei entspricht die mit Uhr und Kalender angebbare Zeit einer äußerlichen Bestimmung, der Fixierung oder Messung einer Quantität. Das dem Menschen und seiner Biographie Wesenhafte wird auf diese Weise kaum berührt. Denn festzuhalten ist: Jeder Lebensaugenblick hat seine eigentümliche Qualität! Er ist daher nicht beliebig austauschbar. Mit anderen Worten: Es genügt nicht, lediglich zu klären, welche Strukturen, Schichten oder Funktionsbereiche sich im körperlichen, seelischen und geistigen Leben unserer Beobachtung und unserem Nachsinnen darbieten. Mit zu berücksichtigen ist vielmehr immer auch der Zeit-Aspekt. Er ist so wenig verzichtbar wie das Atemholen mit seiner eigentümlichen Rhythmik. Das Einatmen und das Ausatmen verleihen – ohne daß wir uns dessen meist bewußt sind – unserem Hiersein einen prozessualen Charakter: Da geht etwas vor. Da läuft etwas ab. Da kommt etwas auf uns zu. Das wird von mancherlei Empfindungen begleitet erlebt.

Keine Frage: Wir *sind* nicht nur; wir *bewegen* uns im Fluß des Werdens, auch wenn diesem Werden die

Züge des Vergänglichen anhaften. Aus diesem Grunde wäre es jedenfalls viel zu abstrakt, wollte man sich bei der Schilderung des Menschen nur auf eine Gliederung beschränken, die den physischen Leib von dem vitalen Kräftezusammenhang (Lebensleib), sodann von dem seelisch-geistigen Organismus mit seinen bewußten und unbewußten, auch überbewußten Regionen unterscheidet. So sinnvoll eine derartige Betrachtungsweise gegebenenfalls sein mag, so muß man sich doch stets vergegenwärtigen: Immer ist der im Zeitenfluß sich konstellierende Zeitpunkt bedeutsam, in dem man lebt, natürlich auch der Zeitpunkt, in dem man sich gerade nach dem Wesen des menschlichen Seins in seiner Konkretheit erkundigt. Verwunderlich ist das nicht. Das reale Leben selbst liefert die Grundlage dazu.

Jedem leuchtet ein, welch großer Unterschied beispielsweise besteht, ob es sich etwa um den Lebensaugenblick handelt, in dem im Kindesalter erstmals ein Bewußtsein aufzuleuchten beginnt, begleitet von der staunenden Feststellung: „Ich bin ja ein Ich; ich bin einzigartig auf dieser Welt! – oder ob ein gereifter Mensch sich eines Tages entschließt, dieses Ich näher zu erkunden. Sei es in der Mitte seines aktiven Lebens oder in einem Moment des Inneseins, in einem Augenblick der Selbstbesinnung; im Tatenrausch, unter einem Leidensdruck oder in einem Augenblick, der meditative Züge trägt, wenn wir „zu uns" kommen, indem wir Einkehr halten. Zwischen diesen beiden Polen des Ich-Erwachens und der vollen Ich-Reife pulsiert die menschliche Existenz. Sie wird allermeist ungefragt und wie selbstverständlich hingenommen; sie wird *ge*lebt, jedoch viel zu wenig in ihrer Fülle bewußtseinswach *er*lebt. Und doch gibt es im Menschenleben einen zeitlichen Ort – sei es ein Zeitpunkt oder ein Zeitraum – in dem der einzelne zur Klärung veranlaßt wird: Wo stehe ich jetzt eigentlich? Kann mein Leben so weitergehen, „wie gehabt"? Wie verhält sich das Bisherige zu dem Bevorstehenden, das bereits Bekannte zu dem noch Unbekannten, dem Gefürchteten oder Erhofften? Ist etwa eine Veränderung angezeigt? Aber wie soll ich damit umgehen? Wird sich alles „von selbst" ergeben oder bin ich etwa aufgerufen, meine Geschicke in die Hand zu nehmen? Der Katalog dieser und ähnlicher Fragen ließe sich unschwer verlängern. Wesentlich ist hierbei, daß es sich nicht um beliebige Fragen handelt. Dafür gibt es durchaus ein Kriterium. Es gibt eine Möglichkeit der Selbstwahrnehmung, denn: Sobald man ein Gespür dafür bekommt, daß es „ernst" wird, daß jeweils ich der oder die Betroffene bin, dessen oder deren „Fall" zu verhandeln ist, dann ist besagter zeitlicher Ort erreicht, von dem im folgenden gesprochen werden soll: Es ist die Lebensmitte. Sie tritt als eine Chance an uns heran. Sie entspricht der Gelegenheit zu einem Aufbruch in ein neues Leben. Lebenschancen können genutzt oder sie können vertan werden. Gerade das macht das Geschehen und Entscheiden in diesem Moment so spannend und aufregend. Die Lebensmitte, um die es im folgenden geht, entspricht einer Tatsache, die es verdient, realisiert zu werden, – bewußtseinsklar und willensstark.

In kritischer Situation

„Als unsres Lebens Mitte ich erklommen,
Befand ich mich in einem dunklen Wald,
Da ich vom rechten Wege abgekommen.
Wie schwer ists, zu beschreiben die Gestalt
Der dichten, wilden, dornigen Waldeshallen,
Die, denk ich dran, erneu'n der Furcht Gewalt!
Kaum bittrer ist es in des Todes Krallen..."[1]

Diese Verse am Eingang von Dantes Göttlicher Komödie rücken die epochale abendländische Dichtung in einen bedeutsamen biographischen Zusammenhang: Mitte des Lebens – wer sie wie der Dichter erreicht hat, gleicht einem Wanderer, der vom rechten Weg abgekommen ist und nun in einem dunklen Wald umherirrt. Die bisherige Wegerfahrung scheint für die Weiterfahrt nicht zu nützen. Der „Furcht Gewalt" macht sich geltend, eine ausweglose Situation. Ist sie wirklich so ausweglos,wie Dante sagt? Ist sie gar mit „des Todes Krallen" vergleichbar? Was soll oder was kann in einer solchen ausweglos erscheinenen Lage geschehen? Nicht wenige Menschen erleben ihre eigene Lebensmitte als eine Stagnation oder als eine Kette von Krisenerfahrungen. Über die sogenannte „midlife crisis" ist schon vor Jahren viel geredet und geschrieben worden. Die Zeit der Jugend ist ein für allemal abgeschlossen. Was nun? Erstaunlich viel wird in Gesellschaft und Kulturindustrie unternommen, um die allerseits hochgeschätzte Jugendlichkeit zu erhalten, gegebenenfalls sich selbst und anderen vorzutäuschen. Es sei durch Mode und Kosmetik, durch Sport oder Schönheitsoperationen und dergleichen. Weder Kirche noch Gesellschaft bieten überzeugende und modellhafte Wege des Älterwerdens an, – ein Mangel, unter dem viele Menschen auf der Suche nach Neuorientierung in ihrer Lebensmitte spürbar leiden. Der Umgang mit der eigenen Lebenszeit ist zu einem existentiellen Problem geworden. Wie läßt es sich angehen? „Erledigt" es sich etwa ganz von selbst, sodaß auf die eigene Initiative verzichtet werden könnte? Oder stellt gerade die Lebensmitte einen Aufruf dar, der nicht ernst genug genommen werden darf?

Eines ist vorweg klarzustellen: Die Zeit ist – wie bereits angedeutet – offensichtlich nicht nur eine meßbare Größe. Sie ist nicht nur Bezeichnung für ein Andauern. Zeit ist auch eine Qualität, die sich von Abschnitt zu Abschnitt verändern kann; eine Qualität, die zur Veränderung auffordert: „Du mußt dein Leben ändern!" (Rilke). Das Wort des Dichters bringt das Erforderliche auf eine knappe, einprägsame Formel.

Das hat die Menschheit zu allen Zeiten gewußt. Heute noch unterscheiden wir selbstverständlich Jahres- und Tageszeiten. Sie sind aufs engste mit der Qualität unseres Lebens verbunden. Selbst wer im Zeitalter der gleitenden Arbeitszeit „die Nacht zum Tage macht", kann nicht leugnen, daß etwa eine frühe Morgenstunde im Sommer auf ganz andere Weise zu uns spricht als etwa eine sternenklare Winternacht. Die nächtliche Tiefe rührt an andere Dimensionen unseres Bewußtseins als die Höhe des Mittags im Sommer.

Wir sprechen sodann von geschichtlichen Augenblikken im Leben der Völker. Wir kennen den außerordentlichen Moment einer glücklichen oder unglücklichen Begebenheit, einer schicksalhaften Menschenbegegnung. Plötzlich hebt sich ein solches Ereignis aus dem fortlaufenden Strom der Zeit heraus und macht somit einen Zeitraum oder einen Augenblick bedeutsam. Auch der Sportler kennt nicht nur die nach Bruchteilen von Sekunden bewertete Zeitdauer seiner Leistung als Läufer. Es gibt Disziplinen, in denen es auf die Genauigkeit des Augenblicks ankommt, etwa auf die Sicherheit des Torwarts beim Elfmeter. Alle beurteilen ihn nach der Art, wie er in diesem einmaligen Moment reagiert, der vielleicht über Sieg oder Niederlage seiner Mannschaft entscheidet. So haben bereits die alten Griechen zweierlei Zeit unterschieden: die andauernde, nach Stunden, Tagen, Jahren oder Olympiaden zu messende Zeit, nämlich „Chrónos", und den einmaligen erfüllten Augenblick, den „Kairós". Es ist der nicht beliebig wiederholbare Moment der Chance oder der Entscheidung. Man kann ihn nutzen oder verfehlen.

Keine Frage: Auch in einer Zivilisation, in der die Devise gilt „Zeit ist Geld", geht es nicht allein um die nach Uhr und Kalender meßbare Zeit. Noch haben wir eine Ahnung von der qualitativen Wirklichkeit der Zeit. Insbesondere gilt dies, wenn wir auf die verschiedenen Abschnitte unseres eigenen Lebens blikken, auf die Zeiten von Jugend und Alter, insbesondere auf jenen Abschnitt, den wir die Lebensmitte nennen, die die erste von der zweiten Lebenshälfte trennt.

Um welche Zeit handelt es sich, wenn man bedenkt, wie unterschiedlich menschliche Schicksale gestaltet sind, mithin die Lebensdauer, ganz zu schweigen von der fluktuierenden Lebenserwartung?

Wann beginnt die Lebensmitte?

Sie ist nicht exakt zu datieren, zumal man sie aus verschiedenem Blickwinkel betrachten kann. Die einen meinen die Zeit um das 40. Lebensjahr. Andere, die in Anlehnung an antike Vorbilder das Menschenleben nach Jahrsiebten gliedern und sich eines biblischen Wortes erinnern, sehen in zehn mal sieben Jahren eine runde Ganzheit, und zwar ganz unabhängig von der tatsächlichen Dauer eines Menschenlebens: „Unser Leben währet siebzig Jahre", heißt es im 90. Psalm. Man kannte demnach in den alten Menschheitskulturen bestimmte Richtmaße für das zeitliche Insgesamt einer menschlichen Existenz. Wer fünf Jahrsiebte, also 35 Jahre zurückgelegt hat, ist demnach in seiner Lebensmitte angekommen. Dabei kann es offen bleiben, wie lange man diesen Zeitraum bemessen will. Keinem bleibt die Tatsache verborgen, um die es hier geht. Mit einem Wort: Ein Zeitabschnitt des biologischen Aufstiegs neigt sich seinem Ende zu. Dieses „Ende" erfolgt weder schlagartig, noch müssen sich spektakuläre Anzeichen einstellen, die einen Schlußpunkt setzen.
Die Veränderungen während der beiden ersten Jahrsiebte waren auffällig genug, etwa der Zahnwechsel

um das siebente, vor allem aber der Beginn der geschlechtlichen Reifung um das vierzehnte Lebensjahr. Beide Vorgänge stellten sich ein, ohne daß der junge Mensch von sich aus initiativ werden mußte. Wie das Wachstum als solches kamen sie über uns als natürliche Ereignisse. Als Prozesse bedurften sie keiner Kurskorrektur auch keiner individuellen Unterstützung oder Steuerung. Also verlangten sie von uns auch kein Umdenken. Alles lief ganz „wie von selbst" ab, zumindest auf der körperlichen Ebene.
Anders verhält es sich mit der Zeit der Lebensmitte, d.h. ungefähr zwischen dem 30. und dem 40. Lebensjahr. Die somatischen Vorgänge treten vergleichsweise zurück. Alles scheint „wie gehabt" weiterzugehen. Und doch tritt ein Wandel ein, und sei er noch so unauffällig. Der Schwerpunkt des Geschehens rückt gleichsam von außen nach innen. Je mehr nun der Gegenwartsmensch von dem sehr verständlichen und an sich auch berechtigten Streben nach Erfolg fasziniert ist, je mehr sein Prestigedenken den schon bestehenden Leistungsdruck erhöht, desto schwerer wird er den Forderungen gerecht werden, die seine eigene Psyche an ihn stellt. Unter „Psyche" sei hier das seelisch-geistige Gefüge verstanden, in dessen Mitte das Ich steht.

Tatsachen sprechen für sich

Es sind Anforderungen einer Wachstumstendenz, die eben nicht im Biologischen begründet ist. Sie beginnen sich in einem Augenblick zu äußern, in dem biologische Abbauprozesse die allerersten Spuren hinterlassen. Was der einzelne sich noch nicht einzugestehen bereit ist, – in der Wirtschaft oder auf dem Feld des Leistungssports wird diese Tatsache längst zur Kenntnis genommen. Weil hier die eigentlichen menschlichen Qualitäten nicht oder nur wenig gefragt sind, gilt man je nach Disziplin oder Branche als „alter Herr", als „nicht mehr ganz junge Frau" oder als eine „schwer vermittelbare Arbeitskraft". Für den wie für die Betroffene eine überaus schockierende Mitteilung. (Die daraus sich ergebenden Folgerungen für die wirtschaftliche Existenz sind einschneidend genug. In einer Zeit gefährdeter bzw. stark eingeschränkter Arbeitsmöglichkeiten müssen diese Konsequenzen nicht eigens dargestellt werden.) Daran ändert auch die dann und wann zu hörende Redensart nichts, die da sagt: „Mit den Jungen nehme ich's immer noch auf". Aber wie lange währt dieses „immer noch"? Was nun die zu fordernde Veränderung anlangt, die *innen* zu beginnen hat, so ist eine Entelechie gemeint, das heißt eine speziell den Menschen innewohnende Entwicklungstendenz. Für sie stellen die zeitlich begrenzten Werdevorgänge in der Natur bestenfalls Analogien oder Gleichnisse dar, weil diese innere Entwicklungstendenz die naturhaften, von selbst ablaufenden Vorgänge *überschreitet*. Was ist damit gemeint? Sobald die Stadien der ersten Lebensjahrzehnte durchlaufen sind, zeichnet sich ein Einschnitt in jedem Menschenleben ab. In der Mitte einer Biographie wird in der Rückschau sichtbar, daß die natürlichen Antriebskräfte der Jugend langsam zur Neige gehen.

Das bedeutet, daß nun die weitere Lebensführung von jedem einzelnen entschlossen in die Hand genommen werden muß. Das ist aber nur aufgrund einer generellen Neuorientierung möglich. Die Leitbilder, die Zielvorstellungen und auch die Leistungsnormen, die bisher angemessen waren, verlangen eine Überprüfung. Kann es so weitergehen wie bisher? Das ist die meist unausgesprochene Frage. Sie kann nicht bejaht werden. Denn was während der ersten Lebenshälfte als „natürlich" und als berechtigt erschien, das muß eine Wandlung erfahren. Aber welche?
Wie schwer die Einsicht in die Notwendigkeit einer grundlegenden Veränderung in der heutigen Gesellschaft fällt, zeigt sich einerseits in der Überbetonung der Jugendlichkeit auf nahezu allen Gebieten unserer Zivilisation. Sie zeigt sich andererseits in dem Verlangen, diese Lebensphase des Jungseins und des natürlichen Leistungsvermögens so weit wie irgend möglich ins Alter hinein zu verlängern. So begrüßenswert die Aktivitäten sind, die dem alten Menschen gewidmet werden, - oft stehen sie unter dem Vorzeichen eines fragwürdigen Jugendlichkeitswahns. Dabei ist jener erwähnte Schwellenübertritt, der um das vierzigste Lebensjahr einsetzt, ein psychologischer Tatbestand, ob man ihn wahrhaben will oder nicht. Carl Gustav Jung, der in seiner Analytischen Psychologie dem Wandlungsgeschehen wie der zweiten Lebenshälfte besondere Aufmerksamkeit geschenkt hat, bemerkt hierzu: „Je mehr man sich der Lebensmitte nähert und je mehr es einem gelungen ist, sich in seiner persönlichen Einstellung und sozialen Lage zu festigen, desto

mehr will es einem scheinen, daß man den richtigen Lauf des Lebens und die richtigen Ideale und Prinzipien des Verhaltens entdeckt habe. Darum setzt man dann ihre ewige Gültigkeit voraus und macht sich eine Tugend daraus, an ihnen auf immer hängen zu bleiben. Man übersieht dabei die eine wesentliche Tatsache, daß die Errichtung des sozialen Zieles auf Kosten der Totalität der Persönlichkeit erfolgt. Vieles, allzuvieles: Leben, das auch hätte gelebt werden können, bleibt vielleicht in den Rumpelkammern verstaubter Erinnerung liegen. Manchmal sind es auch glühende Kohlen unter grauer Asche."[2] Psychotherapeuten beobachten eine Zunahme von Depressionen um das vierzigste Lebensjahr. Bei Frauen können neurotische Schwierigkeiten etwas früher auftreten. Das alles, weil in dieser Lebensphase eine bedeutende Veränderung innerhalb der menschlichen Seele stattfindet, auch wenn diese einem zunächst gar nicht bewußt ist. Der Tiefenpsychologe fügt hinzu: „Manchmal ist es wie eine langsame Charakteränderung, ein anderes Mal kommen Eigenschaften wieder zum Vorschein, die seit dem Kindesalter verschwunden waren, oder die bisherigen Neigungen und Interessen fangen an zu verblassen, und an ihre Stelle treten andere, oder – was sehr häufig ist – die bisherigen Überzeugungen und Prinzipien, besonders die moralischen, beginnen sich zu verhärten und zu versteifen, was sich allmählich gegen fünfzig bis zur Unduldsamkeit und Fanatismus steigern kann."[3]

Angesichts dieser Anpassungsschwierigkeiten an die besonderen Verhältnisse der zweiten Lebenshälfte stellt sich die Frage nach einer Vorbereitung auf diesen Lebensabschnitt. Ärzte und Lebensberater aller Art sparen nicht mit Empfehlungen. Über den medizinisch-praktischen Ratschlägen, deren Wert unbestritten sei, vergesse man aber nicht die spirituellen! C. G. Jung hat in diesem Zusammenhang einmal davon gesprochen, daß es so etwas wie „Schulen für Vierzigjährige" (und Ältere) geben sollte. Natürlich meinte er damit nicht in erster Linie eigens einzurichtende Institutionen. Seine Forderung bezog sich vielmehr auf eine individuell gestaltete *innere Neuorientierung.* Sein Argument lautet: „Der Mensch würde gewiß keine siebzig oder achtzig Jahre alt, wenn diese Langlebigkeit dem Sinn seiner Spezies nicht entspräche. Deshalb muß auch sein Lebensnachmittag eigenen Sinn und Zweck besitzen und kann nicht bloß ein klägliches Anhängsel des (Lebens-)Vormittags sein."[4]

Demnach vergleicht der Psychologe das menschliche Leben mit dem Lauf der Sonne. Dem Aufstieg zur Höhe des Mittags folgt der allmähliche Abstieg zum Lebensnachmittag und zum Lebensabend hin. Von daher ergeben sich auch unterschiedliche Aufgaben, zunächst die Aufgabe, im persönlichen und im beruflichen Bereich Fuß zu fassen. Jung spricht geradezu von dem „Naturzweck". Ist er erfüllt, dann beginnt eine andere Phase, der „Kulturzweck". Zur Erreichung des ersten Ziels hilft die Natur und überdies die Erziehung. Zur Erreichung des letzteren Ziels trägt das bisher Erlernte freilich meist nicht viel bei. Denn was die Jugend gleichsam *außen* fand, auch außen finden mußte, das soll der Mensch des Lebensnachmittags innen finden, *innen* gestalten, nämlich durch eine seelisch-geistige Aktivität.

Dabei ist nicht zu übersehen, daß die traditonelle Religiosität wie auch spirituelle Praktiken in der Psychotherapie eine moderne Entsprechung finden. Die Parallelität kann man sich an dem zentralen Motiv der Wandlung und des Sterbens verdeutlichen. Dieses Motiv ist in vielfältiger Weise in der Religions- und Geistesgeschichte anzutreffen, nämlich überall dort, wo es um den Prozeß einer geistig-seelischen Reifung und der Ganzwerdung geht. Hierfür einige Beispiele: In den antiken Mysterien Griechenlands und Kleinasiens wurde der Einzuweihende mit der Realität des Sterbens symbolisch konfrontiert. Er erfuhr, daß das menschliche Leben sich nicht im Biologischen erschöpft. Er soll sich nicht nur als ein Naturwesen betrachten, das durch die Stationen von Geburt und Tod begrenzt ist. Das Menschsein reicht vielmehr über das Vergängliche, Sterbliche hinaus in die Unsterblichkeit. Ihrer will man schon im jetzigen Leben gewiß werden. Das Christentum hat diesen Gedanken aufgenommen bzw. beibehalten. Denn, so schreibt Paulus in seinem ersten Korintherbrief „dies Sterbliche muß anziehen die Unsterblichkeit" (I. Kor. 15, 53). Gemeint ist eine Transformation. Von dieser Teilhabe an einem naturgemäß verborgenen Leben weiß vor allem der Mystiker, der bereit ist, sein Alltags-Ich aufzugeben. Er tut dies nicht etwa aus Lebensüberdruß. Sein Entschluß zum „mystischen Tod“ resultiert eher aus dem Verlangen nach „mehr Leben“, nach einem größeren, zugleich tiefer gegründeten Leben. Es soll nicht erst nach dem medizinischen Tod beginnen, etwa in der Vertröstung auf ein fernes Jenseits, sondern bereits jetzt und hier, also inmitten dieser irdischen Existenz. Die Devise eines Mystikers lautet demnach:

„Wer nicht stirbt, eh' er stirbt, der verdirbt, wenn er stirbt.“

In seinem berühmten „Cherubinischen Wandersmann“ gibt der Angelus Silesius Johannes Scheffler dieser Gewißheit Ausdruck, wenn er schreibt:

„Ich glaube keinen Tod, sterb ich gleich alle Stunden,
So hab ich jedesmal ein höher Leben funden.“

Und um dieses neue, höhere Leben, geht es in der Tat in den mystisch-esoterischen Zusammenhängen. Aus diesem Grund kommt der Spiritualität, die dem Mysterium der Wandlung eine zentrale Stellung einräumt, für den Menschen der zweiten Lebenshälfte so große Bedeutung zu. Das ist auch der Ort und ein bestimmendes Motiv, sich dem Esoterischen, d. h. der inneren Dimension der Wirklichkeit zuzuwenden.

Gefragt ist jedenfalls nicht die Pseudo-Esoterik, die seit geraumer Zeit wie eine fragwürdige Modeerscheinung auf dem Markt des heutigen Massengeschmacks verhökert wird. Gefragt ist das Weisheitsgut aus Geschichte und Gegenwart, aus Religions- und Geisteswelt, das sinnstiftende Kräfte freisetzt, sodaß eine Teilhabe am Mysterium des Seins und Lebens ermöglicht wird. Dieses Weisheitsgut, das in Symbolen und Mythen, in den Dokumenten religiöser Offenbarung und Erfahrung, schließlich in den großen Dichtungen der Völker aufbewahrt ist, bietet Orientierung und Geleit auf dem Weg der Wandlung, von der hier die Rede ist. Das Christentum als solches verfügt über eine reiche Tradition einer solchen Esoterik. Sie reicht von der Entstehungszeit des Neuen Testaments bis in unsere Tage.[5]

Unter einem ähnlichen Aspekt sprach Meister Eckhart von dem Motiv der „Gottesgeburt im Seelengrund". Mit der ihm eigenen Entschiedenheit legt er von diesem Geschehen Zeugnis ab:

„Wahrhaftig, willst du diese edle Geburt finden, so mußt du die Menge verlassen und mußt zum Ursprung umkehren, zu jenem Grund, aus dem du gekommen bist. Die Menge, das sind die (naturhaften) Kräfte der Seele und ihr Treiben, Gedächtnis, Verstand und Wille, die dich allesamt zerstreuen. Darum mußt du sie alle lassen, die Sinnenhaftigkeit und das Hängen an den Bildern; kurz alles, in dem du dich selbst vorfindest und dich meinst. Dann erst kannst du die Geburt finden; wahrhaftig, anders nicht."

Eckhart läßt seine Hörer und Leser nicht im unklaren darüber, welchen Wert er hierbei der landläufigen Religiosität beimißt, die sich auf äußere Objekte der Frömmigkeit richtet, auf die Kirche als Institution und auf die Vollzüge religiöser Handlungen. Ob man mit all dem zum Grund des Seins, eben zu Gott finden könne? Seine Antwort ist kompromißlos:

„Wahrlich nein! Wenn das auch gut oder göttlich sein mag, (was die Menschen in gottesdienstlichen Veranstaltungen ins Werk setzen), so ist es doch von außen durch die Sinne hereingetragen. Aber es muß alles von innen herauf und aus Gott herausquellen, soll diese (Gottes-)Geburt eigentlich und lauter aufleuchten. Zum Erliegen kommen muß all deine Geschäftigkeit. Alle deine Kräfte müssen dem Seinen, nicht aber dem Deinen dienen. *Gott allein* muß es wirken, soll das Werk vollkommen sein. Du hingegen sollst es allein zulassen. Wo du wirklich aus deinem Willen und aus deinem Wissen herausgehst, da geht Gott wahrhaftig und von seinem Willen erfüllt hinein und leuchtet klar mit seiner Weisheit... Soll Gott göttlich in dir aufleuchten, so ist dein natürliches Licht völlig überflüssig. Mehr noch: es muß zu einem totalen Nichts werden und sich völlig aufgeben. Dann erst kann Gott mit seinem Licht hineinleuchten."[6]

Es fragt sich jedoch, in welchem Maße es etwa einem betont extravertierten, d. h. nach außen gerichteten

Menschen von heute gelingt, diese Wendung nach innen zu vollziehen und eine solche Spiritualität seinem konkreten Leben einzufügen.
Um das Gemeinte deutlicher in den Blick zu fassen, müssen wir das erwähnte Motiv weiter bedenken: Wer dem medizinischen Tod gerade noch einmal entronnen ist, nach einem Infarkt, bei einem Unfall oder nach einer lebensgefährlichen Krankheit, der wird sich der existentiellen Gültigkeit jenes Mystiker-Wortes vom mystischen Tod erst voll bewußt werden können. Dabei handelt es sich um ein Thema und um eine Situation, mit der im Grunde jeder auf seine Weise „fertig werden" muß, der die Schwelle der Lebensmitte überschreitet. Wie wir bereits gesehen haben, schenkt C. G. Jung in seinen Schriften diesem Problem große Aufmerksamkeit. Er schreibt nicht weniger lapidar und nicht weniger schonungslos als der mittelalterliche Mystiker:

„Von der Lebensmitte an bleibt nur der lebendig, der mit dem Leben sterben will. Denn das, was in der geheimen Stunde des Lebensmittags geschieht, ist die Umkehr der Parabel, *die Geburt des Todes.* Das Leben der zweiten Lebenshälfte heißt nicht Aufstieg, Entfaltung, Vermehrung, Lebensüberschwang, sondern Tod, denn sein Ziel ist das Ende. Seine Lebenshöhe nicht wollen ist dasselbe wie sein Ende nicht wollen. Beides ist: Nicht leben wollen. Nicht leben wollen ist gleichbedeutend mit nicht sterben wollen. Werden und Vergehen ist dieselbe Kurve."[7]

Besonders eingängig oder gar sympathisch sind diese Sätze wohl nicht, jedenfalls nicht auf den ersten Blick. Man muß sich schon die Mühe machen, genau hinzusehen, bis einem aufgeht, was die paradox formulierte Aussage vom Leben-Wollen und Sterben-Wollen bedeutet. Jung ergänzt seine Aussage so:

„Ein Mann von dreißig, der noch infantil ist, ist wohl bedauernswert, aber ein (allzu) jugendlicher Siebziger, ist das nicht entzückend? Und doch sind beide pervers, stillos, psychologische Naturwidrigkeiten. Ein Junger, der nicht kämpft und siegt, hat das Beste seiner Jugend verpaßt, und ein Alter, welcher auf das Geheimnis der Bäche, die von Gipfeln in Täler rauschen, nicht zu lauschen versteht, ist sinnlos, eine geistige Mumie, welche nichts ist als erstarrte Vergangenheit. Er steht abseits von seinem Leben, maschinengleich sich wiederholend bis zur äußersten Abgedroschenheit. Was für eine Kultur, die solcher Schattengestalten bedarf!“[8]

Im Richtweg der Sonne – Aufgang im Untergang

Weil vorhin auf das Gleichnisbild vom Sonnenlauf angespielt wurde, ist an dieser Stelle eine für unser Thema wichtige Ergänzung einzufügen: Es gibt offensichtlich nicht nur jene Lebenslinie, die nach dem Zenit absinkt, dem biologischen Absterben entgegen. Das Bild von der Sonnenbahn veranschaulicht nur *einen* Aspekt des menschlichen Lebens. Und darin stimmen die alten geistigen und religiösen Überlieferungen in West und Ost mit der modernen Tiefenpsychologie überein, daß es auch noch eine *andere Lebenslinie* gibt. Sie bildet nicht die biologisch-naturhaften Vorgänge des Aufstiegs und Abstiegs, des Werdens und Vergehens ab. Diese andere Lebenslinie ist geistig-seelischer Art. Sie folgt ihren eigenen Gesetzmäßigkeiten. Gerade auf deren Beachtung kommt es in Zeiten der Krise und angesichts der Lebensmitte-Problematik in bedeutsamer Weise an.

Damit sind wir an einem entscheidenden Punkt unseres Gedankengangs angelangt; denn es gibt einen *Aufgang im Untergang.* Es gibt eine neue Aussaat, wo das Feld des natürlichen Lebens bereits abgeerntet zu sein scheint. Hier können Überlegungen nützlich sein, die der hochbetagte niederländische Arzt und Jugendpsychiater Bernard Lievegoed angestellt hat. Ihm war es gegeben, das ärztliche Wissen und Können mit Einsichten einer spirituell ausgerichteten Menschenkunde zu vereinen und damit einer ganzheitlichen Betrachtung zu dienen.

Lievegoed legt dar, wie die geistige – gemeint ist die spirituelle – Entwicklung des Menschen am Anfang des Lebens mit der Entfaltung und Ausbildung des Ich-Bewußtseins parallel läuft, wie sie sich jedoch zur Lebensmitte hin verselbständigt. Und in dem Augenblick, in dem die biologische Kurve beginnt, sich allmählich nach abwärts zu bewegen, ist ein wichtiger Lebensmoment erreicht. Hier entscheidet sich, ob nun auch in seelisch-geistiger Hinsicht ein solcher Abstieg erfolgen muß, – ein tragisches Ende – oder ob es gelingt, eine *innere Kehre* zu vollziehen, das heißt: ein Aufstieg im Seelisch-Geistigen. Daß künstlerisch oder wissenschaftlich kreative Menschen oft erst in der letzten Lebenszeit ihr Werk zu krönen vermögen, ist immer wieder zu beobachten. Bernard Lievegoed, der in seinen Arbeiten die tiefenpsychologischen Resultate verschiedener Schulen mit Einsichten zu verbinden weiß, die er aus der Menschenkunde Rudolf Steiners ableitet, trifft hierbei folgende bemerkenswerte Feststellung, die zu lebenspraktischen Konsequenzen aufruft:

„Wer in der mittleren Phase seines Lebens schon Interesse für Kunst, Wissenschaft, Natur oder soziale Tätigkeit entwickelt hat, der wird die große Wende auf seinem Lebensweg nach dem vierzigsten Lebensjahr fast unbemerkt passieren. Er wird jenseits dieser Schwelle die Kraft für sein Leben immer mehr aus einem geistigen Quell schöpfen können. Wer allerdings in der mittleren Phase seines Lebens nur dem persönlichen Erfolg nachgejagt ist, wer alles selbst hat tun wollen, nur von sich selbst ausgegangen ist, alles beiseite geschoben hat, was der Karriere hinderlich war, oder wer sich passiv durch seine Arbeit oder seine Lebensumstände hat leben lassen, kommt nach dem vierzigsten Lebensjahr in eine existentielle Krise und ist Mitte fünfzig ein tragischer Mensch geworden, der immer nur der guten alten Zeit nachtrauert und sich von allem Neuen bedroht fühlt."[9]

Solche Feststellungen, die ihrem Gehalt nach durch Beobachtungen an psychisch belasteten wie an gesunden Menschen bestätigt worden sind, haben C. G. Jung, aber auch Vertreter anderer Schulrichtungen zu der Überzeugung geführt, daß die heute erforderliche Therapie zu erweitern sei. Es genüge nicht, sich ausschließlich pathologischen Erscheinungen zuzuwenden. Der englische Psychotherapeut Gerhard Adler, ein Schüler C. G. Jungs, bemerkt zu dieser besonderen, auf den Reifungsprozess der Individuation ausgerichteten Aufgabenstellung:

„Die geistige Seite des Menschen wird hierbei ebenso berücksichtigt wie seine rein instinktive. Die geistige Seite muß sogar als die in Wirklichkeit entscheidende Erscheinungsform des psychischen Prozesses angenommen werden, weil sie die charakteristisch menschliche ist...
Die ganze Natur beruht auf dem Doppelprinzip von Aufbau und Abbau. Aber Abbau meint hier eben nicht Zerstörung, vielmehr eine Verwandlung zu neuem Werden. Abbau bedeutet nicht absoluten Tod, sondern Auflösung der bestehenden Struktur als Vorstufe zu neuer Geburt... In der ersten Lebenshälfte überwiegt die Aufgabe der Anpassung an die Außenwelt durch Entfaltung und Ausdehnung. Je mehr sie geleistet sind, je mehr der Mensch in die zweite Lebenshälfte hineinwächst, desto mehr tritt die Notwendigkeit der Anpassung an die Innenwelt hervor, die ein In-sich-Gehen und Sich-Konzentrieren bedeutet. In der ersten Hälfte können und sollen wir leben, ohne zuviel über das Leben zu reflektieren. Denn unsere erste Aufgabe ist es, zu leben und dadurch zu

wachsen. Aber in der zweiten Hälfte tritt die Forderung an uns heran, uns um den *Sinn* unseres Lebens und des Lebens überhaupt zu bemühen."[10]

Konsequenzen, die das Leben nahelegt

Was kann nun geschehen, daß der mitten im Leben stehende, von seinen Berufs- und Alltagspflichten weitgehend in Anspruch genommene Mensch auch seine Innenwelt kennenlernt? Hierzu bieten sich mancherlei Möglichkeiten an. Eine solche ist beispielsweise das Hineinblicken in die inneren Bilder, die uns in unseren Träumen begegnen, seien es beglückende oder auch erschreckende Traumbilder. Hierbei kommt es nicht so sehr darauf an, daß man sich um deren exakte oder fachgerechte Deutung bemüht. Was aus dem Boden unseres Unbewußten hervorwächst, besitzt seinen Eigenwert. Der Wert eines Kunstwerks hängt auch nicht von kunsthistorischen Interpretationen ab. Viel ist schon gewonnen, wenn wir die Hervorbringungen der eigenen Seelentiefe als zu uns gehörig akzeptieren, wenn wir sie staunend zur Kenntnis nehmen und uns mit der inneren Bilderwelt vertraut machen. Das ist das eine.

Auf der anderen Seite ist da der erwähnte unermeßliche Reichtum an Überlieferung in Gestalt von Märchen und Mythen. Wieder kommt der modernen Tiefenpsychologie, nicht weniger der Anthroposophie das Verdienst zu, auf dieses weite Feld von neuem hingewiesen und es der individuellen Aneignung erschlossen zu haben. Das gilt in ähnlicher Weise für das Verständnis religiöser Wortlaute und Gleichnisbilder. Das gilt für die mythischen Elemente der Bibel und anderer heiliger Schriften der Menschheit. Es ist wohl kein Zufall, daß das Interesse an einer tiefenpsychologischen Interpretation etwa des Neuen Testaments in den letzten Jahrzehnten allgemein zugenommen hat. Dieses Interesse ist zwar nicht an ein bestimmtes Lebensalter gebunden. Aber es ist keine Frage, daß die Bildgehalte des Evangeliums in besonderer Weise zum Menschen sprechen, der damit beginnt, auch die innere Dimension der Wirklichkeit als zur Lebensganzheit gehörig anzuerkennen. Die zweite Lebenshälfte lädt dazu ein. Sie ist eine ungeahnte Chance zu einem Neuanfang.

Wer sich auf jene Traditionen einläßt, darf sich auf Überraschungen gefaßt machen. Denn was da erzählt wird, das hat mit dem Leser oder Hörer von heute zu tun, obwohl Jahrtausende zwischen der erstmaligen Schilderung und dem gegenwärtigen Augenblick liegen mögen.

Nun scheint die mythen- und symbolschaffende Kraft der Seele einer unerschöpflichen Quelle zu entstammen. Der Quellgrund ihrer Hervorbringungen, das ist die Seele selber. Von ihr kommen die kreativen Impulse aller Art. Sie schafft die archetypischen, die urtümlichen Bilder. Die große Faszination, die mythische Erzählungen auszuüben vermögen, rührt offensichtlich daher, daß eine geheime Korrespondenz zwischen der Psyche des heute lebenden Menschen und dem unermeßlichen Strom jener Hervorbringungen besteht. Wir haben offensichtlich mit einem spirituellen Kraftfeld zu rechnen, dem die menschliche Seele des einzelnen wie der gesamten Menschheit eingepflanzt ist. In einem verwandten Sinn sprachen die Hüter eines verborgenen Wissens von der „Weltseele“ oder auch von der göttlichen Sophia.

Trifft dies zu, dann darf grundsätzlich jedes Zeugnis dieser Art mit Spannung erwartungsvoll entgegengenommen werden. Trifft es weiterhin zu, daß auch frühere Generationen der Menschheit die Lebensmitte als eine Lebenswende und als eine Herausforderung besonderer Art erlebten, dann muß sich dieses Erleben in bildhafter Form in ihren Aufzeichnungen niedergeschlagen haben. Und es besteht offensichtlich kein Anlaß, an der Gültigkeit dieser Annahme zu zweifeln. Machen wir daher die Probe aufs Exempel und lassen wir einige Schilderungen dieser Art auf uns wirken. Zuerst eine wenig bekannte Geschichte.

Das Beispiel des Gilgamesch

Da ist einer, den die Sehnsucht treibt, in die Ferne treibt. Er sucht nichts Geringeres als das „Kraut der Unsterblichkeit“. Man könnte im Bild sprechen und sagen: Das ist in der Tat das einzige Kraut, das gegen den Tod gewachsen ist, eine Droge, die – im Gegensatz zu den gefahrbringenden Rauschdrogen – den Menschen auf eine neue Seins- und Bewußtseinsebene zu rücken vermag. Auf zahlreichen Reliefs, die sich im Vorderen Orient erhalten haben, ist er überlebensgroß dargestellt: Gilgamesch, der König von Uruk, der Löwenbezwinger. Das älteste der uns bis heute bekannten Epen der Menschheit schildert uns sein Geschick, das Geschick eines Helden, nämlich im Gilgamesch-Epos. Von ihm, dem Löwen bezwingenden Gilgamesch, heißt es dort:

> „Der alles gesehen im Bereiche des Landes,
> Der die Meere kannte, jegliches wußte,
> Weisheit besaß er, Kenntnis der Dinge allzumal,
> Verwahrtes auch sah er, Verborgenes enthüllte er;
> Hat Kunde gebracht von der Sintflut,
> Fernen Weg befahren, daß er matt und müde,
> Auf einen Denkstein die ganze Mühsal gemeißelt."[11]

Diese Kunde ist zugleich ein Bericht seiner eigenen Er-Fahrung. Die Erfahrung des Gilgamesch kann auch für andere wichtig werden, weil Urbildliches sich in seinem Schicksal widerspiegelt. Als solcher ist er eine übermenschliche Erscheinung, zu einem Drittel Mensch, aber zu zwei Dritteln ein Gott. Aus besonderem Anlaß gesellen ihm die Götter einen Gefährten zu, den naturhaften „pelzüberzogenen" Enkidu. Gleichsam Gilgameschs Ander-Ich, seine unbewußte „Schatten"-Seite. Mit ihm zusammen gelingt es, den monströsen Walddämon Chumbaba zu töten.

Auch den von der Göttin gesandten Himmelsstier vermögen die beiden zu besiegen, ein Sieg über die transpersonalen Triebgewalten, wie wir ihn vom Kampf des Mithras her kennen, der ebenfalls den Stier tötet. Zahlreiche Kultreliefs halten das Ereignis fest. In den Taten und Leiden der überirdischen Gewalten mag der Mensch Aspekte seines eigenen Schicksals entdecken, deren Aufschlüsselung für ihn bedeutsam werden kann. Doch bleiben wir noch einen Moment bei dem Epos der Frühzeit: In allem ist sich Gilgamesch bewußt, daß er auf der Seite und in der Nachfolge des Sonnengottes Schamasch steht. Er steht für die Sphäre des Lichtes, des Guten und alles dessen, was das Leben beflügelt. Zu ihm bekennt er sich:

„Ich bin doch dem Schamasch gefolgt,
Den Weg gegangen, der mir bestimmt war!"

Diesem sonnnenhaften Prinzip verbunden, mußte er jenen Himmelstier töten. Dieser war ursprünglich dazu ausersehen, Gilgamesch zu vernichten, weil er es gewagt hatte, das eindringliche Liebeswerben der Göttin Ischtar mit Schimpf und Spott zu beantworten. Der Sonnengott Schamasch kann indes als Repräsentant des Bewußtseins gelten. Der Mythos macht deutlich, daß das taghelle, von einem individuellen Ich noch garnicht die Rede sein kann. Immerhin kommt bereits ein Prozeß in Gang. (In diesem Zusammenhang kann man auch an die in Schritten sich vollziehende Evolution des menschlichen Bewußtseins denken, wie sie etwa von dem schweizerischen Kulturphilosophen Jean Gebser (1905 – 1973) aufgerollt worden ist[12]).
In Gilgamesch tritt das Bewußtsein aus den Traumtiefen des Mythischen heraus und erlangt nach und

nach Ichhaftigkeit. Dies entspricht der Tendenz des Heranwachsenden, der zunächst die bewußte Ichhaftigkeit anstrebt, bevor er die volle Persönlichkeitsreife erlangen kann. Nachdem die Taten des Gilgamesch-Enkidu vollbracht sind, ist eine kritische Phase erreicht, gleichsam die Lebensmitte-Situation. Enkidu, der hier die naturhafte und damit die vergängliche Wesensseite des Menschen verkörpert, wird in die Unterwelt abgerufen. Gilgamesch beklagt den Tod seines Gefährten. Nun muß er ohne ihn auszukommen suchen. Und eben in der Klage über den Verlust des Naturhaften wird er seines eigentlichen Menschseins inne. Der Verlust hat somit einen positiven Aspekt gewonnen. Auch hier entpuppt sich die Krise als eine Chance. Gilgamesch ist nicht länger ein Zwei-Drittel-Gott. Der jugendliche Held in ihm ist gestorben. Die Lebensmitte-Problematik kündigt sich in eigentümlicher Weise an. Sie wird zumindest transparent, wenn man es unternimmt, das mythische Bild mit der menschlichen Situation zu vergleichen.
Jetzt ist es hohe Zeit für ihn, sich um die Unsterblichkeit zu bemühen. Mancherlei Prüfungen nimmt er auf sich; zum einen, um Einsicht in die Fragen zu Leben und Tod zu erhalten. Er sucht den Weg zu den unsterblichen Ahnen. Utnapischtim, der Noah der babylonischen Sintflut-Sage, weist ihm den Weg auf dieser „Nachtmeerfahrt der Seele". Zum anderen hofft er in der Tiefe jenes Kraut, das ewige Jugendlichkeit garantiert, zu erhaschen. Das scheint anfangs zu gelingen. Aber kaum hält er es für einen Moment in den Händen, entreißt es ihm und verzehrt es eine Schlange.

Gilgamesch will ihr die wertvolle Beute abjagen. Doch die Schlange entwindet sich ihm, indem sie verjüngt die alte Haut ihm zurückläßt....
Das heißt doch: Gegen das Altern und die Sterblichkeit ist im sprichwörtlichen Sinne zwar „kein Kraut gewachsen". Und doch gibt es so etwas wie eine Verjüngung, gleichsam eine Jugendlichkeit neuer Ordnung. Kein Festhalten und kein Wiedergewinn einer naturhaften Jugend. Sie ist vergänglich, ja muß um der vollmenschlichen Reifung willen vergänglich sein. Was dann? – Es ist die Verjüngung im Zeichen der Schlange, und die heißt *Wandlung.* Die „alte Haut" einer abgelebten Natur muß preisgegeben werden. Festhalten wie einen unvergänglichen Besitz läßt sie sich aber nicht. Oder um im Bild zu bleiben: Wer wollte sich die eigene abgelebte Haut nochmals überstreifen, und sei es die Haut, die uns in jungen Jahren einmal umkleidet hat? Dahin ist dahin...
Insofern gibt es für die biologische, das heißt für die zeitlich begrenzte Jugendlichkeit des Enkidu-Anteils von Gilgamesch keine willkürliche Verlängerung. Diese Einsicht gilt es zu erringen, soll der Mensch auch innerlich wachsen und reif werden.
Nach langer Ausfahrt kehrt Gilgamesch schließlich heim in seine Stadt Uruk. Sollte das schon alles gewesen sein? Worin besteht der Ertrag?
Was auf den ersten Blick wie eine bloße Rückkehr an den Ausgangsort der Reise anmutet, das ist unter einem neuen Gesichtspunkt zu betrachten. Die Psychologin Rivkah Kluger-Schärf faßt Gilgameschs Erfahrung so zusammen:

„Er sah das Licht, das er ersehnte, und fühlte den Hauch des Geistes, der ihm gefehlt hatte. Dies läßt seinen Verlust des Lebenskrautes in einem anderen Licht erscheinen. Es ist nicht nur ein tragisches Unglück, sondern vielleicht ein Hinweis darauf, daß er das Lebenskraut nicht behalten durfte, daß das Unbewußte es ihm versagte, weil es wohl Verjüngung und Lebensverlängerung bedeutet hätte, Ziel seiner anfänglichen Sehnsucht, nicht aber Wandlung des inneren Menschen, entsprechend dem tieferen Verlangen nach Erleuchtung und nach Bewußtseinserweiterung, für die ihn Schamasch, der Sonnengott, einst erwählt hatte. Verzweiflung über den Tod hatte ihn in die Suche nach einer Umgehung des Todes durch ewige Verlängerung des irdischen Lebens geführt, aber die Schlange hatte sich nun *in ihm* gehäutet. Er nahm sein irdisches Leben wieder auf, den Tod akzeptierend, einbeziehend. Der Zwei-Drittel-Gott hat sich dem Menschsein gebeugt. Der Ein-Drittel Mensch hat das Göttliche *in sich* erfahren."[13]

Erhellung und Ermutigung

Nun ist es Mal um Mal überraschend, wenn man sieht, wie die großen Texte der Weltliteratur ebenso wie die dem Schoß der Völker entwachsenen Märchen den menschlichen Schicksalsweg in urtümlichen Bildern besingen und sagen. Als seien sie in ihr faszinierendes Thema verliebt – das sind sie ja wirklich! – so setzen die Autoren immer wieder von neuem an, ihre Helden zu beschwören, als gelte es, das eigene Wesensbild immer deutlicher, eindringlicher zu erfassen. Und die Hörer wie die Leser all der Dichtungen wissen oder ahnen es zumindest, daß jeweils ihre *eigene* Sache verhandelt wird. Den zugrundeliegenden psychologischen Tatbestand hat Emma Jung, die Gattin des Schweizer Psychologen, in allgemeingültiger, die Reifungsproblematik erhellender Weise beschrieben. Bei Emma Jung liest man:

„Durch das Erscheinen eines archetypischen Bildes wird der Mensch an seine Menschenart erinnert oder an die ihm zugrunde liegende Idee. Es werden ihm neue, das heißt bisher nicht erkannte Möglichkeiten sichtbar, und er erfährt über sie einen Kraftzuschuß; denn die Archetypen haben numinosen Charakter und wirken wie eine verborgene Kraftquelle. Wenn in einer rituellen Handlung ein Mythus dargestellt oder, in allgemeinerer, einfacherer und profaner Form, wenn ein Märchen erzählt wird, so besteht für den, der daran Anteil nimmt, das heißt sich davon berühren läßt, die heilende Wirkung darin, daß er durch diese Anteilnahme in eine archetypische Form des Verhaltens eingeordnet wird und dadurch selber ‚in Ordnung' kommen kann. Dasselbe können auch archetypische Träume bewirken. Ebenso ist dieses ‚In-Ordnung Kommen' oder ‚Einswerden mit dem höheren Willen' der Inhalt religiöser Erfahrung. Das Faszinierende und Lebendige an Mythen und Märchen beruht eben darauf, daß sie Urformen menschlicher Erfahrung darstellen. Aus demselben Grund finden sich dieselben Motive auf der ganzen Welt verbreitet."[14]

Das Gesagte trifft in hohem Maße auf die Gralserzählungen zu. Mehrere Traditionsstränge, westliche und östliche, laufen in ihnen zusammen und komponieren jeweils ein neues perspektivenreiches Gemälde. Es ist die Geschichte von einem, der auszog, um ritterlichen Ruhm zu erwerben. Geschildert wird, wie diesem angehenden Ritter beschieden ist, ein außerordentlich geschätztes Gut zu erringen, nämlich den heiligen Gral. Er – *Perceval* in der Dichtung des Nordfranzosen Chrétien de Troyes, *Parzival* bei Wolfram von Eschenbach – verkörpert einen Menschen, der seinem wahren Selbst auf die Spur kommen möchte. Anfangs geschieht alles absichtslos und wie zufällig. Der jugendliche Held kann nicht wissen, was ihm bevorsteht. Und was ihm widerfährt, bleibt ihm zunächst verborgen. Erst später fällt ein erhellendes Licht auf den Weg der zahllosen Abenteuer. Schauen wir uns einige Stationen Parzivals an:

Zuerst ist da der schützende, bergende Wald. Er mutet an wie eine mütterliche, zugleich von Unbewußtheit eingehüllte Welt. Sprach nicht auch Dante gemäß dem eingangs angeführten Zitat von einem „Wald" als Markierung einer bestimmten Ausgangs- und Prüfungssituation? Dieser Wald umgibt den jungen Parzival. Unbewußtheit bestimmt auch seine seelische Verfassung. Die Mutter, eine Witwe, will ihr Kind vor der gefährlichen Welt draußen bewahren. Wäre ihr dies möglich, geschähe es um den Preis der Reifung ihres Sohnes. Parzival bliebe infantil. Er bliebe – ähnlich den Dummling-Figuren in den Volksmärchen – ein unerfahrener Tölpel. Dabei sind die Widerstände und die Auseinandersetzung mit den Gefahren nötig für die Ich-Werdung des Menschen. Das sprichwörtliche Abenteuer – die Frau Aventuere der mittelalterlichen Sänger – will recht ernst genommen sein. Und so geschiehts:

Parzival, der Vaterlose, gerade er ist zum Helden prädestiniert. Gerade er hat die Chance, sich den Vater zu ersetzen, indem er ihn in sich erzeugt, und mögen die Umwege noch so weit, die Hindernisse noch so groß sein. Aus diesem Grund muß er sich auf den Weg machen, auf einen Weg, der nicht nur Gefahren und Siege, sondern auch Irrtümer und Niederlagen beschert!

Das gilt auch für das konkrete Leben, wie die Erfahrung immer wieder zeigt. Wir kennen den selfmade-man und natürlich gleicherweise die selfmade-woman. Vaterlos bahnen sie sich ihren Weg in die Welt, ohne „gute Beziehungen" gehabt zu haben und ohne auf besondere Weise gefördert worden zu sein. Auf einem anderen Blatt steht freilich, ob es ihnen gelingt, auch auf dem *inneren* Weg voranzukommen, wie dies die zweite Lebenshälfte als Aufgabe nahelegt. Selbstverständlich ist das keineswegs, bedenkt man, daß ein solcher Pioniertypus der Gefahr ausgesetzt ist, diese nach außen gerichtete Aktivität bis weit über die Lebensmitte hinaus fortzusetzen und darüber die rechtzeitige Umpolung zu versäumen. Für die Persönlichkeitsreifung ist sie unerläßlich.

Doch nun wieder zurück zu dem jungen Parzival, dem die Welt eines Tages offensteht: Das Bild der Ritterschaft taucht vor ihm auf. Der Knabe ahnt instinktiv, daß seine Bestimmung mit deren Tun zusammen hängen müsse. Aus dem Zusammenhang der Dichtung wird klar, daß der Ritter den Typus des idealen Menschen repräsentiert. So tölpelhaft die ersten „Taten" des angehenden Ritters auch sein mögen, das Urbild und Zielbild Parzivals enthüllt sich auch ihm. Er erhält Zugang zur Tafelrunde des Königs Artus mit seinen zwölf ritterlichen Gefährten. Noch ist dem Anfänger, der gerade erst im Begriffe ist, den Heldenweg zu beschreiten, nicht bewußt, in was für einer Umgebung er sich befindet. Denn diese Runde des Artus-Kreises stellt ein Ganzheitssymbol dar. Das unterstreicht noch die kosmische Zwölfzahl seiner Mitglieder. Und so stürmt Parzival tatendurstig „hinaus in die brausende Welt", wie es bei Rilke heißt. Er tötet den „roten Ritter" und gewinnt die schöne Kondwiramur. Der Muttersohn hat zur Frau gefunden; er hat, mit C. G. Jung zu reden: seine Anima entdeckt. Und im roten Ritter ist ihm ein Aspekt seines Ander-Ich begegnet. Es ist die dunkle Schattenseite, die ebenfalls zur Person-Ganzheit hinzugehört und die als solche realisiert werden soll. Die geschilderten äußeren Begebenheiten entsprechen einem inneren Prozeß.

Eine wichtige Station auf dem Parzival-Weg ist in dem Augenblick erreicht, als der Umherschweifende in den Bezirk eintritt, in dem sich sein künftiges Leben entscheiden soll. Auffällig ist die damit vollzogene Wendung, von außen nach innen, von der Tatenfülle zur Frage nach dem Sinn. Unsere Dichtung schildert Parzivals Eindringen in den Mysterienbereich, wo der heilige Gral gehütet wird. Bei Chrétien handelt es sich um wundersames Gefäß, eine Schale; bei Robert de Boron ist der Gral jener Kelch, der das heilbringende Blut Jesu enthalten hat; bei Wolfram von Eschenbach ist es ein ebenfalls wunderwirkender Stein. Und da ist vor allem der von einer Lanze verletzte, der leidende Burgherr Amfortas.
Vor Parzivals Augen vollzieht sich ein eigentümlicher, vom Schleier des Geheimnisses verhüllter Kultus. Aufgabe des ahnungslosen Ritters wäre es, die entscheidende, zugleich das Schicksalsrätsel des Amfortas lösende Frage zu stellen. Aber die mittlerweile erlangte höfische Erziehung mit ihren Konventionen verbietet ihm, „durch Mitleid wissend" zu werden. Noch ist er nicht imstande, die lösende Frage zu stellen.
Der Held auf der Gralssuche hätte nun gerade die konventionellen Verhaltensweisen der Allgemeinheit zu relativieren und seines individuellen Lebensauftrags inne zu werden. So sind weitere Aufgaben zu erfüllen und eine Reihe weiterer Abenteuer zu bestehen, ehe Parzival das Wort der Entzauberung zu sprechen vermag, durch das Amfortas gesundet und

er selbst zum Gralskönig berufen werden kann. Ihm wird einsichtig, daß er der Gemeinschaft der Gralshüter verwandtschaftlich verbunden ist. Dieser Vorgang der Bewußtwerdung entbindet die heilende Kraft und er erschließt dem Sucher den Sinn seines eigenen Lebens. Das ist das eine.

Auf noch einen weiteren Gesichtspunkt ist aufmerksam zu machen: Das Signum des Heroischen ist schon dem Perceval-Parzival-Namen eingeprägt. Die Vorsilbe „Per" oder „Par" bedeutet „durch, hindurch". Parzivals Lebensaufgabe besteht eben darin, *hindurchzudringen* durch die undurchdringlich scheinenden Hindernisse des Wegs, das heißt: von der Tumbheit des unbewußten, unerfahrenen Jungen zur Beziehungs- und Erkenntnisfähigkeit dessen, der zur Persönlichkeit gereift ist. Mancherlei Schritte sind zu tun...

Dies sind nur einige wenige Momente aus der großen Fülle der Ereignisse, die die Schöpfer der Gralsdichtung schildern. Läßt man die einzelnen Mythen auf sich wirken, neben dem Gilgamesch-Epos etwa auch Homers Odyssee oder des Christian Rosenkreuz Einladung zur „Chymischen Hochzeit", dann kann die Frage laut werden, warum in all diesen Schilderungen meist nur männliche Gestalten und deren Irrfahrten im Mittelpunkt stehen. Dafür lassen sich verschiedene Gründe anführen: Weil das Heldenmotiv in der Überlieferung eben meist durch Männer verkörpert wird oder weil der Autor nicht verleugnen kann, als Mann geschrieben zu haben. Wichtiger dürfte indes der Hinweis sein, daß das für die volle Selbstwerdung erforderliche Heldentum im Grunde an kein Geschlecht gebunden ist. Jeder und jede ist dazu geboren. Und wenn auch nicht jeder als Gilgamesch, als Odysseus oder Parzival identifiziert werden kann, so gibt es doch archetypische Grundmuster, die im menschlichen Schicksal ihren Niederschlag finden. Es handelt sich um Momente, deren Bedeutung von der Lebensmitte an für uns immer wichtiger wird. Einige dieser Momente seien an dieser Stelle genannt: Es ist die Einsicht, die sich der älter werdende Mensch zu eigen machen sollte, daß das bisherige Leben auf einen Wendepunkt zusteuert, der eine Entscheidung verlangt, eine Trendwende, – daß ein Aufbruch zu neuen Horizonten gewagt werden muß und kann – daß die bisherigen Konventionen, auch die Instanzen und Autoritäten nicht länger richtungweisend sein müssen, eine Umwertung aller Werte kündigt sich hierbei an – daß Liebgewordenes preisgegeben und Opfer gebracht werden müssen – daß Einsamkeitserlebnisse auftreten und man auf sich selbst verwiesen ist...

Wir werden geführt und von innen geleitet

Der Katalog ließe sich fortsetzen. Sein Inhalt besagt: Das Leben auf dem Individuationsweg wird zwar schwerer, aber auch reicher. In seinem Gedicht „Wandlung“ aus dem Jahre 1937 hat Werner Bergengruen Gabe und Aufgabe dieses Wegs so beschrieben:

„Löse dich von Haus und Haft
eh der Herd verglimmt.
Denn zu Gottes Wanderschaft
bist du vorbestimmt.

Hufschlag hart am Straßenbord,
Wagenspur und Tritt
löscht der blasse Regen fort
und dich selber mit.

Namenloses Zeitenkind,
Baum im Wanderschuh!
Was am Prellstein hockt und sinnt,
das bist nicht mehr du.

Gib dich der verborgnen Hand,
die dich angerührt.
Hebe dich vom Grabenrand.
Geh! Du bist geführt."[15]

Dieses Wissen „geführt" zu sein und der inneren Schicksalsfügung vertrauen zu können, entbindet aber nicht von seelischer Aktivität, durch die das bisherige Engagiert- und Tätigsein keineswegs ersetzt, wohl aber ergänzt werden sollte. Hier haben beispielsweise Meditation und spirituelle Übung ihren Platz. Wer bislang nur von seinem Karrieredenken beherrscht wurde und sich vom Konsumzwang jeder Art gängeln ließ, der wird nach Freiräumen Ausschau halten und Möglichkeiten zur Einkehr und Besinnung suchen: von

Zeit zu Zeit, von Tag zu Tag. Eine radikale Kehrtwendung von totaler Extraversion zu einer totalen, etwa lebensverneinenden Introversion, kann aber sicher nicht jedermanns Sache sein.
Meister Eckhart, der als Seelenführer exaltierte Nonnen und vom mystischen Aufschwung faszinierte jüngere Ordensbrüder zur Nüchternheit anzuhalten hatte, wußte, daß die spirituelle Übung auch ihre Grenze haben muß, obwohl sie in einer Hinsicht auch grenzenlos ist. Ausgedrückt ist dies in Eckharts Mahnung:

„Der Mensch soll Gott *in allen Dingen* ergreifen und soll sein Gemüt daran gewöhnen, Gott alle Zeit gegenwärtig zu haben im Gemüt und im Streben und in der Liebe. Achte darauf, *wie* du deinem Gott zugekehrt bist, wenn du in der Kirche bist oder in der Zelle. Diese selbe Gestimmtheit behalte und trage sie unter die Menge."[16]

Damit ist auf das Hineingebundensein in die zwischenmenschlichen und in die beruflichen Pflichten angespielt. Der Alltag wird – religiös gesprochen – zum Ort der Gottesbegegnung. Es bedarf auch in der zweiten Lebenshälfte keiner besonderen Seelenaufschwünge. Sie stellen eher eine Gefahr der „Rückbiegung" dar. Vor ihr warnt Martin Buber, wenn man sich aus der Welt zurückzieht und einer wirklichkeitsfeindlichen Spiritualität verfällt. Karlfried Karl Dürckheim, der vielfach aus den Leitworten des mittelalterlichen „Lebemeisters" Eckhart Anregungen für seine eigene Übungspraxis empfing, spricht daher von dem

„Alltag als Übung", wenn er zeigt, wie von einem in Verantwortung und Hingabe vollzogenen Tun „das Wesen in uns erwacht". Hier kann eine Hilfe sein, was er die „Suche nach dem inneren Meister" genannt hat.[17]
Gemeint ist das Eigentliche unseres Menschseins, das in der alltäglichen Geschäftigkeit jeder Art meist viel zu kurz kommt. Wer angesichts des unabwendbaren Alterns in Depression und Niedergeschlagenheit zu verfallen droht, den verweist Dürckheim auf Möglichkeiten, die den auf eine illusionäre Jugendlichkeit fixierten Menschen in der Regel verschlossen sind, denn:

„Die Grundgefahren menschlichen Lebens (Leiden, Altern, Sterben) werden zu Grundchancen, zu einem neuen Leben. Dreierlei kann menschliches Leben unerträglich machen: Die Angst vor der Vernichtung, die Verzweiflung am Absurden und die Trostlosigkeit der Vereinsamung. Der Mensch sucht Sicherheit, Sinn und Liebe, und wo eines dieser drei völlig fehlt, steht sein Leben vor einer mit natürlichen Mitteln nicht mehr zu überwindenden Schranke. Wo das natürliche Ich an dieser Schranke zerbricht, kann ein neuer Mensch geboren werden. Und wenn für den natürlichen Menschen Leiden, Krankheit und letzten Endes Sterben die großen Feinde sind, die der Arzt bekämpft, so können gerade die auf dem inneren Weg zu einem Sprungbrett werden in eine Wirklichkeit, in der ein neues Leben anfängt; ein Leben, das seinen Sinn im Erfahren und Bezeugen der überweltlichen

Wirklichkeit findet und nicht mehr nur im Bestehen, Meistern und Genießen der Welt."[18]

Vor der Tiefe des Seins

Diese Gedanken weisen bereits über die eigentliche Lebensmitte hinaus. Sie weisen tief hinein in den Lebensnachmittag und Lebensabend. Sie wollen keine Illusionen nähren, aber auch nicht der weitverbreiteten Resignation das Wort reden. Dabei wird kein realistisch denkender Mensch die unsägliche Schwere all dessen verharmlosen wollen, das ein Menschenleben seinem irdischen Bestand nach zerstört. Gerade deshalb ist nicht zu unterschätzen, mit welcher geistigen Wegzehrung man die letzten Stationen des Lebenslaufes passiert, indem man den Gang in die Tiefe antritt. Es liegt in der Natur der Sache, daß viele diesen Dunkelbereich scheuen, vor allem deshalb scheuen, weil sie sich eine Weltanschauung zurechtgelegt haben, in der die „Tiefe des Seins", wie Paul Tillich die Transzendenz genannt hat, vielleicht nicht vorgesehen ist. Sollten wir nicht auch einmal anfangen, die Tragfähigkeit unserer „tiefsten Überzeugungen" zu überprüfen, gegebenfalls wie eine abgetragene Haut ad acta zu legen? Gewiß, auf dem Feld der Glaubenswahrheiten ist Nüchternheit geboten, auch ein gewisses Maß an Skepsis. Sie ist vor allem dann angebracht, wenn allzu geschwätzige Jenseitsprediger mit unprüfbaren Schilderungen von „drüben" aufwarten. Der Gang in die Tiefe bleibt keinem erspart. Dieser Gang will aber vorbereitet sein, und zwar nicht erst an den Grenzen unserer Existenz, sondern in ihrer Mitte; also dort, wo die ersten Zeichen zur Kurskorrektur gesetzt werden. Wie wir anhand verschiedener Zeugnisse gesehen haben, handelt es sich um Signale, die auf eine neue Dimension des Seins hinweisen, auf die Chance eines neuen Aufbruchs.

Mitte des Lebens, Lebensmitte – für viele Menschen eine Zeit, in der sich ungeahnte Probleme ankündigen, auf die die heutige Gesellschaft die jeweils nachwachsende Generation weder vorbereitet, der sie weder Orientierung noch Hilfen für eine sinnvolle Gestaltung bietet. Wie wir gesehen haben hält die spirituelle Tradition der Menschheit mancherlei Verhaltensmuster bereit, die zumindest zeigen, in welcher Weise der angetretene Lebenslauf seinen Fortgang nehmen kann. Und was eine geistoffene Tiefenpsychologie, eine wirklichkeitsnahe Weisheit von Mensch und Welt zu leisten vermag, das kann jeder einzelne für sich selbst überprüfen. Übrigens wies Carl Gustav Jung einmal darauf hin, daß die großen Probleme des Lebens gar nicht dazu da seien, daß man sie „löse". Vielmehr komme es darauf an, daß wir unablässig an ihnen arbeiten. Nicht das Ziel, sondern das Streben nach diesem Ziel gibt unserem Leben Inhalt und Sinn.

Eingangs war davon die Rede, daß die Zeit, insbesondere unsere Lebenszeit, nicht nur eine mit Kalender und Uhr meßbare Dauer, sondern auch eine Qualität darstellt. Naturgemäß ändert sich diese Qualität von einem Lebensabschnitt zum andern. Darin drückt sich der Stufencharakter unseres Menschseins aus. Mit welcher Zuversicht wir uns diese Einsicht zu eigen machen können, hat Hermann Hesse in seinem Gedicht „Stufen“ gezeigt:

„Wie jede Blüte welkt und jede Jugend
Dem Alter weicht, blüht jede Lebensstufe,
Blüht jede Weisheit auch und jede Tugend
Zu ihrer Zeit und darf nicht ewig dauern.
Es muß das Herz bei jedem Lebensrufe
Bereit zum Abschied sein und Neubeginne,
Um sich in Tapferkeit und ohne Trauern
In andre, neue Bindungen zu geben.
Und jedem Anfang wohnt ein Zauber inne,
Der uns beschützt und der uns hilft, zu leben.

Wir wollen heiter Raum um Raum durchschreiten,
An keinem wie an einer Heimat hängen,
Der Weltgeist will nicht fesseln uns und engen,
Er will uns Stuf' um Stufe heben, weiten.
Kaum sind wir heimisch einem Lebenskreise
Und traulich eingewohnt, so droht Erschlaffen;
Nur wer bereit zu Aufbruch ist und Reise,
Mag lähmender Gewöhnung sich entraffen.

Es wird vielleicht auch noch die Todesstunde
Uns neuen Räumen jung entgegensenden,
Des Lebens Ruf an uns wird niemals enden...
Wohlan denn, Herz, nimm Abschied und gesunde!“[19]

Anmerkungen:

[1] Dante: Göttliche Komödie, übers. von W. G. Hertz. München 1978: dtv 2107, S. 7.

[2] C. G. Jung: Die Lebenswende, in: Gesammelte Werke VIII, S. 451.

[3] A. a. 0.

[4] A. a. 0. 455 f.

[5] Gerhard Wehr: Esoterisches Christentum. Von der Antike zur Gegenwart. Stuttgart: Klett-Cotta, 2. erweiterte Auflage 1995.

[6] Meister Eckhart: Die Gottesgeburt im Seelengrund, hg. von Gerhard Wehr. Freiburg: Herder TB 1610, S. 120 f.
Vgl. Gerhard Wehr: Die deutsche Mystik. Mystische Erfahrung und theosophische Weltsicht. Eine Einführung in Leben und Werk der großen deutschen Mystiker und Theosophen. München: O. W. Barth 1988.

[7] C. G. Jung: Seele und Tod, in: Ges. Werke VIII, 191.

[8] A. a. 0.

[9] Bernard Lievegoed: Lebenskrisen – Lebenschancen. München: Kösel 1979, 50.
Über den menschlichen Lebenslauf in seinen geschichtlichen Wandlungen aus anthroposophischer Sicht vgl. auch Hans Erhard Lauer: Vom richtigen Altwerden. Freiburg: Die Kommenden, 2. erw. Auflage 1972; ferner Volker Fintelmann: Von der Kunst alt zu werden. Eßlingen: Gesundheitspflege initiativ – Biographie und Bewußtsein Nr. 702.

[10] Gerhard Adler: Zur Analytischen Pschologie. Zürich: Rascher 1952, S.153.

[11] Das Gilgamesch-Epos, hg. A. Schott/W. Soden. Stuttgart: Reclam 1958, zit.in: Aspekte der Analytischen Psychologie. Basel: Rarger 1975, S.195.

[12] Gerhard Wehr: Jean Gebser - Individuelle Transformation vor dem Horizont eines neuen Bewußtseins. Petersberg: Via Nova Verlag 1996.

[13] Rivkah Kluger-Schärf in: Aspekte...a.a.0. 232.

[14] Emma Jung/M.L.von Franz: Die Graalslegende in psychologischer Sicht. Zürich: Rascher 1960, 38.

[15] Werner Bergengruen: Von der Richtigkeit der Welt. Freiburg: Herder TB 1533, S. 31.

[16] Meister Eckhart: Deutsche Predigten, hg. von J. Quint. München: Hanser 1969, 59.

[17] Karlfried Graf Dürckheim: Auf der Suche nach dem inneren Meister. Hrg. und eingeleitet von Gerhard Wehr. München: Kösel 1996. Dürckheims eigener Erfahrungsweg ist dargestellt in der Biographie von Gerhard Wehr: Karlfried Graf Dürckheim. Leben im Zeichen der Wandlung. Freiburg: Herder-Spektrum 4456.

[18] K. Graf Dürckheim: Von der Erfahrung der Transzendenz. Freiburg: Herder 1984, S. 168.

[19] Hermann Hesse: Die Gedichte. Frankfurt: Suhrkamp 1970, S. 170.